AF313236

*16 Mai 1903*

*V*

# VENTE

## du Samedi 16 Mai 1903

### HOTEL DROUOT, SALLE N° 1

A 2 HEURES

*Suite de Trois Magnifiques*

# TAPISSERIES DES GOBELINS

## du temps de Louis XIV

### Provenant du Château de A...

# MEUBLES ANCIENS

DES

## XVI<sup>e</sup>, XVII<sup>e</sup> et XVIII<sup>e</sup> Siècles

## REMARQUABLE BOISERIE EPOQUE LOUIS XVI

*Objets d'Art. Tableaux*

M<sup>e</sup> F. LAIR DUBREUIL

COMMISSAIRE-PRISEUR

6, rue de Hanovre, 6

M. ARTHUR BLOCHE

Expert près la Cour d'appel

28, rue de Chateaudun, 28

## EXPOSITION PUBLIQUE

Le VENDREDI 15 MAI 1903, de 2 heures à 6 heures

PARIS. — Imp. MÉNARD et CHAUFOUR

CHAUFOUR, Successeur

N. 10, rue Milton

# CATALOGUE

DE

## TROIS MAGNIFIQUES

# TAPISSERIES DES GOBELINS

*du temps de Louis XIV*

provenant du château de A...

## MEUBLES ANCIENS

et de styles

## XVIᵉ, XVIIᵉ, et XVIIIᵉ SIÈCLES

## Salons en tapisserie et en soierie

*Deux chaises à porteurs avec peintures et armoiries*
*du temps de Louis XV. — Sièges de formes variées. — Tables*
*Lits Renaissance, Louis XV et Louis XVI. — Coffres. — Consoles*

## REMARQUABLE BOISERIE ÉPOQUE LOUIS XVI

*Rétable à cinq panneaux ornés de peintures*
*Bustes, Statuettes en marbre*

## BRONZES ANCIENS : PENDULES, CANDELABRES, SURTOUTS

*Porcelaines de Saxe, Faïences, Armes, Tableaux*

TENTURES — TAPIS D'AUBUSSON ET D'ORIENT

DONT LA VENTE AURA LIEU

## HOTEL DROUOT, SALLE Nᵒ 1

### Le Samedi 16 Mai 1903

A 2 HEURES

| | |
|---|---|
| **Mᵉ F. LAIR-DUBREUIL** | **M. ARTHUR BLOCHE** |
| COMMISSAIRE-PRISEUR | EXPERT PRÈS LA COUR D'APPEL |
| 6, rue de Hanovre, 6 | 28, rue de Châteaudun, 28 |

Chez lesquels se trouve le présent catalogue

---

# EXPOSITION PUBLIQUE

## Le Vendredi 15 Mai 1903, de 2 h. à 6 heures

## CONDITIONS DE LA VENTE

La vente sera faite au comptant.

Les acquéreurs paieront *dix pour cent* en sus des prix d'adjudication.

L'Exposition mettant le public à même de se rendre compte de l'état des objets, aucune réclamation ne sera admise une fois l'adjudication prononcée.


## AVIS

À partir du 25 mai le Cabinet et la Galerie de **M. Arthur BLOCHE** seront transférés 51, rue Saint-Georges.

3762. — Imprimerie C. CHAUFOUR, 8-10, rue Milton. Paris

# DÉSIGNATION

## BOISERIES

1 — Belle boiserie du temps de Louis XVI en
bois finement sculpté et doré, fond peint en
blanc. Elle se compose d'un grand encadrement-
trumeau de cheminée, d'un encadrement de
glace finement sculpté et doré à personnages,
vases fleuris et ornements, de huit grandes
colonnes plates à cannelures ornées de fleurettes,
de huit chapiteaux corinthiens rehaussés d'or,
de deux dessus de portes représentant des nym-
phes tenant des médaillons à figures de déesses
reliées à des guirlandes de fleurs auxquelles
sont suspendus des petits médaillons à amours ;
de deux par-closes peints gris à médaillons,

pérsonnages, vases, guirlandes et corbeilles de fruits ; environ 40 m. de lambris à petites consoles feuillagées entrecoupées de rosaces ; un fort lot de nombreuses baguettes d'encadrement et quatre panneaux décoratifs.

2 — Deux portes à deux vantaux avec leurs chambranles et leurs dessus en bois sculpté peint vert et rehaussé d'or, dessin à coquilles feuillagées, volutes et moulures. Epoque Louis XV.

# MEUBLES

3 — Beau meuble en bois de noyer sculpté, montants à cariatides d'enfants, bandeau à rinceaux feuillagés ; il ouvre à trois vantaux offrant dans la partie supérieure des coquilles et un écusson, et dans le bas des têtes de chérubins. XVIe siècle.

4 — Huit fauteuils en bois doré de style Louis XVI, dossiers à lyres, recouverts en ancienne tapisserie d'Aubusson représentant des sujets allégoriques aux fables de Lafontaine.

5 — Meuble de salon en bois sculpté et doré d'époque Louis XVI garni en tapisserie d'Aubus-

son offrant aux dossiers des sujets tirés des fables
de Lafontaine et sur les sièges des vases fleuris
encadrés de guirlandes de fleurs ; composé de
un canapé, quatre fauteuils et deux fauteuils
d'un modèle différent.

6 — Grand et beau meuble en bois de fer sculpté;
la partie supérieure formant bibliothèque et cou-
ronnée par une chimère en bronze, les panneaux
sont ornés d'applications, personnages, arbres
et oiseaux, les côtés à étagères. Travail chinois.

7 — Belle chaise à porteurs en bois finement
sculpté et doré, décorée sur ses quatre faces de
sujets allégoriques et d'ornements dans des encadrements enrubannés et enguirlandés de fleurs.
L'intérieur est garni d'ancien damas jaune. Epoque Louis XV.

8 — Chaise à porteurs en vernis Martin, fond d'or
décorée d'armoiries ; intérieur garni en ancien
velours rouge, bordure coquillée en broderie
appliquée. Epoque Louis XIV, avec ses bâtons
porteurs.

9 — Très beau meuble de salon en bois sculpté et
doré de style Louis XIV garni en lampas fond
gris encadré de peluche rouge composé de : un
canapé, six fauteuils et six chaises.

10 — Dix chaises en bois sculpté et doré de même
style, dossiers à attributs divers au milieu d'or-

nements. sièges à médaillons de soie brodée et
velours orné d'applications.

11 — Grand cartel forme lyre en bois sculpté et
doré, décor de feuillages et ceps de vigne, cadran
mobile formé d'une couronne de fleurs surmonté d'un soleil à figure de femme. Epoque
Louis XVI.

12 — Chaise longue en deux parties en bois sculpté
et doré d'époque Louis XV composée d'une bergère avec coussin en soie brochée à fleurs sur
fond crème et un tabouret s'adaptant au siège
précédent.

13 — Commode en marqueterie de bois de rose
ornée de bronzes dorés, dessus de marbre gris.
Epoque Louis XVI.

14 — Petit canapé en bois sculpté et doré d'époque
Louis XVI garni en tapisserie d'Aubusson, décor
de médaillons à bouquets de fleurs dans des
encadrements à ornements, contrefond rouge.

15 — Bureau à dos d'âne en palissandre, décoré de
motifs à vases de fleurs en marqueterie de bois.
Epoque Louis XV.

16 — Deux fauteuils en bois sculpté d'époque
Louis XIV, couverts en velours frappé vert.

17 — Table de nuit en marqueterie de bois ouvrant
à une porte à coulisse. Epoque Louis XVI.

18 — Petite table Louis XV en marqueterie de bois
à damier, garnie de trois tiroirs.

19 — Table de nuit Louis XVI en acajou ouvrant à
une porte à coulisse, dessus en marbre.

20 — Table poudreuse en marqueterie de bois,
décorée de médaillons à branches de fleurs.
Epoque Louis XVI.

21 — Lit breton en bois sculpté à panneaux décorés
en relief de sujets représentant la sortie de la
messe et une ronde villageoise, pieds à cols de
cygnes.

22 — Lit en bois sculpté peint blanc, montants
cannelés, bandeaux à entrelacs et rosaces, fron-
ton à branches de feuillages et nœud de rubans,
panneau décoré en relief d'un trophée d'instru-
ments champêtres. Epoque Louis XVI.

23 — Table à quatre faces en bois sculpté peint
blanc, bandeau à entrelacs ajourés, pieds cannelés, dessus en marbre blanc.

24 — Fragment de boiserie sculptée, offrant au milieu d'un écusson à coquilles, volutes et rinceaux
dorés, entouré de fleurs de lys, le chiffre A. M.
en relief. Epoque Louis XV.

25 — Meuble en marqueterie de palissandre de forme contournée ouvrant à deux vantaux, pieds garnis de sabots en bronze doré, dessus en marbre. Epoque Louis XV.

26 — Table de nuit en marqueterie de bois rose à dessus de marbre blanc. Epoque Louis XV.

27 — Chiffonnier-secrétaire en acajou à moulures de bronze, modèle à perlé; poignées et entrées de serrures en bronze ciselé. Epoque Louis XVI.

28 — Lit de milieu en bois sculpté peint blanc, montants cannelés, bandeaux à entrelacs et feuillages. Epoque Louis XVI.

29 — Deux panneaux de lit en bois laqué décorés au centre d'un bouquet de fleurs enrubanné dans un encadrement à guirlandes de roses.

30 — Petit monument de forme circulaire en bois sculpté et applications d'ornements, rehaussé de peintures sur socle formant terrasse, modèle de Trianon. Epoque Louis XVI.

31 — Quatre fauteuils, dossiers à médaillons, en bois sculpté peint blanc, dessins à entrelacs garnis en damas de différentes nuances. Epoque Louis XVI.

32 — Quatre fauteuils en bois sculpté peint blanc à cannelures, dossiers à médaillons garnis en soie brochée. Epoque Louis XVI.

33 — Bergère en bois sculpté peint blanc, accotoirs à colonnettes détachées. Epoque Louis XVI.

34 — Fauteuil en bois sculpté peint blanc garni en ancien damas rouge. Epoque Louis XV.

35 — Deux aigles impériales aux ailes éployées en bois sculpté et doré.

36 — Commode en marqueterie de bois; poignées et entrées de serrures en bronze. Epoque Louis XV.

37 — Commode Louis XV en marqueterie de bois rose et palissandre à encadrement, poignées et chutes en bronze doré, dessus en marbre.

38 — Fauteuil marquise en bois doré garni en tapisserie à rinceaux, guirlandes de fleurs et paniers fleuris retenus à des nœuds de rubans. Style Louis XVI.

39 — Lit à quatre faces en bois sculpté de style Renaissance; le baldaquin garni de bandeaux en tapisserie au point est supporté par quatre colonnes cannelées à chapiteaux.

40 — Toilette en bois sculpté de même style, dessus en marbre.

41 — Table de nuit en bois sculpté de même style.

42 — Commode en acajou à moulures de cuivre, dessus de marbre blanc. Epoque Louis XVI.

43 — Commode en marqueterie de bois, poignées
et entrées de serrures en bronze, dessus de marbre. Epoque Louis XVI.

44 — Lit en bois sculpté et laqué blanc garni en
cretonne. Epoque Louis XVI.

45 — Table de salon Louis XVI, en marqueterie de
bois ornée de bronzes.

46 — Cadre ovale en bois sculpté à guirlandes de
fleurs. Epoque Louis XIV.

47 — Guéridon rond en acajou sur trois pieds reliés
par une entrejambe.

48 — Coffre en bois sculpté montants à palmes,
panneaux à ornements. XVIᵉ siècle.

49 — Fauteuil en bois naturel, dossier sculpté
offrant en relief le Jugement de Salomon. Epoque Renaissance.

5o — Table de milieu à quatre faces en bois sculpté
et doré sur pieds balustres reliés par une entrejambe, dessus en peluche rouge. Style Louis XIV.

51 — Grande table rectangulaire, dessus à dévelop-
pement, bandeau sculpté à têtes de chérubins, au
milieu d'arabesques feuillagées, pieds à pilastres.
Epoque Louis XIII.

52 — Table rectangulaire, bandeau sculpté à ornements, pieds reliés par des traverses sculptées.
Louis XIII.

53-54 — Deux consoles en bois sculpté à feuilles de
laurier et rosaces, pieds à cannelures. Epoque
Louis XVI.

55-56 — Deux petits meubles bahuts en bois sculpté,
panneau de la porte orné d'un oiseau au milieu de
volutes feuillagées, montants à cariatides de femmes, bandeaux à arabesques feuillagées. xviiie siècle.

57 — Petit meuble presque analogue, panneau de
la porte orné d'une tête de chérubin. xviiie siècle.

58 — Petit meuble en bois sculpté, montants à colonnettes cannelées et détachées, surmontées de
chapiteaux. xviiie siècle.

59 — Petit meuble analogue, montants à colonnettes plates cannelées. xviiie siècle.

60 — Console en bois sculpté et doré, devant cintré
orné de deux chimères au milieu de volutes et
de guirlandes de fleurs, pieds à gaines superpo-
sées, dessus en marbre brocatelle d'Espagne. Epoque Louis XIV.

61 — Cadre de bénitier en bois sculpté et doré à
têtes de chérubins et volatiles au milieu de feuillages. Epoque Louis XIV.

62 — Beau coffre de la Renaissance en bois sculpté
rehaussé d'or, offrant sur le devant des médaillons à personnages et mascarons au milieu d'ornements feuillagés.

63 — Petite stalle gothique en bois sculpté à ogives.

64 — Chaise en bois sculpté, dossier à mascarons.
XVII$^e$ siècle.

65 — Petite table ronde Louis XVI en marqueterie
de bois de luxe garni de cuivres.

66 — Vitrine à miniatures en acajou et moulures
de cuivre.

67 — Chiffonnier en bois rose. Epoque Louis XVI.

68 — Fauteuil bois sculpté laqué blanc. Epoque
Louis XVI.

69 — Meubles anciens omis.

# RÉTABLE, TABERNACLE

70 — Beau rétable en bois sculpté rehaussé de peinture d'époque Louis XIII, divisé en cinq panneaux séparés par des pilastres à chapiteaux.

Le panneau central offre une crucifixion; de chaque côté, dans des niches, se trouvent des statuettes de saint Louis et de sainte Marthe; les panneaux extrêmes, également à niches et surmontés d'écussons à têtes de chérubins, abritent des figures de saint Jean et de la Vierge à l'Enfant. Frise et entablement à rinceaux et ornements.

71 — Tabernacle en bois sculpté et doré, dessin à feuillages et guirlandes de fleurs, surmonté de trois figurines d'anges agenouillés. XVII<sup>e</sup> siècle.

72 — Six flambeaux d'autel en bois sculpté et doré. XVII<sup>e</sup> siècle.

# SCULPTURES

73-74 — Deux beaux bustes, grandes dames de la cour en costumes Louis XV. Marbre blanc.

75-76 — Deux statuettes d'enfants grandeur nature en marbre blanc. Fin du xviie siècle.

77 — Groupe de deux personnages chinois en ivoire finement sculpté.

# BRONZES

78 — Grand et beau cartel en bronze doré, cadran de CHÉRUELLE, à Paris, entouré d'une draperie et de feuillage, surmonté d'un vase posant sur un chapiteau. La partie inférieure est formée d'un mascaron à tête de femme se terminant par un motif d'ornement. Époque Louis XVI.

79 — Paire de grandes appliques en bronze doré à trois lumières, à volutes feuillagées, modèle de CAFFIERI. Style Louis XV.

80 — Pendule en bronze et bronze doré à figure de Diane chasseresse assise sur le cadran, socle en bronze doré orné d'une frise à figures d'amours jouant avec un sanglier. Epoque fin xviiie siècle.

81 — Paire de candélabres en bronze et bronze doré, à figures de femmes égyptiennes supportant trois lumières et posées sur socles quadrangulaires à bases feuillagées. Epoque Ier Empire.

82 — Pendule en bronze doré, cadran de Musson, à Paris, surmonté d'un vase en bronze et placé entre une statuette de Diane chasseresse et une figure d'amour attachant un chien à une branche de chêne; socle en bronze, contre-socle en marbre blanc à rinceaux et perlé en bronze doré. Epoque Louis XVI.

83 — Pendule en bronze doré d'époque Louis XVI. Le cadran, surmonté d'un bouquet de fleurs, est entouré de rinceaux et de gerbes et pose sur un socle à jour orné d'une couronne de laurier et supporté par quatre pieds à griffes, contre-socle en marbre rouge avec frise en bronze représentant des jeux d'enfants.

84 — Surtout de table en quatre parties à fond de glace, galerie en métal argenté. Epoque Louis XVI.

85 — Surtout de table en trois parties à fond de glace, monture en métal argenté d'époque Louis XVI.

85 *bis* — Paire de beaux candélabres formés par des statuettes de femmes drapées en bronze patine foncée, portant sur la tête des bouquets de lumières à sept branches et posant sur des socles en marbre rouge garni de bronzes. Epoque du I$^{er}$ Empire.

86 — Deux plateaux de surtout forme ronde à fond de glace, galerie à palmes, rinceaux et volatiles, bordure à baguettes feuillagées. Commencement du XIX$^e$ siècle.

87 — Garniture de cheminée en bronze doré de style Louis XV composée de : Une pendule à figures d'amours placées de chaque côté du cadran et deux candélabres également à statuettes d'amours supportant un bouquet de lumières.

88 — Paire de flambeaux en bronze ciselé et doré. Epoque premier Empire.

89 — Taureau supportant un personnage en bronze ancien du Japon.

90 — Deux statuettes en bronze : Petits faunes assis, socles en marbre.

91 — Paire de grands chenêts Louis XIV en bronze.

92 — Groupe en bronze : *Le Myosotis*, de Mathurin MOREAU.

93 — Pendule Louis XVI en bronze doré.

94 — Deux statuettes en bronze : Enfants danseurs.

95 — Jardinière Louis XV en bronze argenté.

96 — Buste en bronze : Mme Dubarry.

97 — Paire de bras d'appliques Louis XVI en bronze à deux lumières reliées par un nœud de ruban.

98 — Deux statuettes en bronze : Enfants studieux sur socles en marbre.

99 — Grand et beau cartel en bronze forme lyre, orné de têtes d'aigles enguirlandés de feuillages et suspendu à un nœud de ruban. Style Louis XVI.

100 — Paire de flambeaux en bronze doré, modèle à rocailles. Style Louis XV.

101 — Paire de chenêts en bronze partie dorée : Lions sur balustrades drapées. Style Louis XVI.

# PORCELAINES, FAIENCES

102 — Joli service à thé en ancienne porcelaine de Saxe à décor chinois d'après Leprince, dans des encadrements dorés, composé de : Une théière, une verseuse, un sucrier, un bol à gâteaux, un flacon à thé, six tasses avec leurs soucoupes. Dans un écrin en cuir rehaussé de dorures.

103 — Deux socles ou pièces de surtout de forme octogonale en ancienne faïence de Rouen, décor à fleurs et ornements en bleu et rocaille, ornés au centre d'un blason aux armes de Montmorency.

104 — Buste de Carnot, organisateur de la Victoire, en biscuit de Sèvres.

105 — Paire de vases en porcelaine de Chine fond rouge à fleurs et animaux et réserves décorées d'arbres fleuris et d'oiseaux sur fond blanc.

106 — Service à café en porcelaine française décorée de paysages animés.

107 — Chat dévorant une souris en porcelaine de Saxe.

108 — Bol couvert forme de chou en porcelaine de Saxe-Marcolini.

109 — Grande potiche en porcelaine du Japon à décors de fleurs et oiseaux. Le couvercle surmonté d'une chimère en porcelaine dorée.

110 — Deux beaux plats en ancienne faïence hispano-mauresque à reflets métalliques dans des cadres florentins en bois sculpté noir et doré.

Extérieur de vue : 43 cent.

# ARMES

111 — Trois fusils de chasse xviiiᵉ siècle (sera divisé).

112 — Epée italienne dite esclavonne, garde en fer forgé.

113 — Sabre allemand, garde en fer ouvragé.

114 — Epée de Cour d'époque Louis XV poignée et garde en argent taillé à facettes.

115 — Epée de garde française xviiiᵉ siècle, poignée en argent.

116 — Couteau de chasse xviiᵉ siècle poignée en fer ajouré.

117 — Couteau de chasse xviiᵉ siècle poignée en écaille, garde et coquille en cuivre gravé.

118 — Couteau de chasse xviiᵉ siècle garde en fer gravé.

119 — Sabre d'officier de Marine.

120 — Kriss Malais lame damassée poignée en argent.

121 — Kriss Malais poignée en argent.

# TABLEAUX

## CHIVAL (R.)

122 — *Le Galant Berger.*
Grand dessin.

## ECOLE FRANÇAISE DU xviiiᵉ SIÈCLE

123 — *Portrait d'homme représenté vu de trois-quarts vêtu d'un élégant costume de velours bleu à passeme....rie d'or avec collerette et manches de dentelles.*

## ECOLE FRANÇAISE

124 — *Paysage.*

125 — *Portrait du roi Louis XVI.*

126 — *Portrait de Mme Vigée Lebrun et sa fille.*

### HOBBÉMA (genre de)

127 — *Paysage avec cascade animé de figures.*

Forme ronde cadre sculpté et doré.

128 — *Histoire de Paul et Virginie,* suite de cinq gravures anciennes par Decourtès d'après Schall.

129 — *Miniature : scène d'intérieur.*

# TAPISSERIES

130 — Suite de trois magnifiques tapisseries de la Manufacture royale des Gobelins. Epoque Louis XIV. Elles représentent des scènes de la Jérusalem délivrée empruntées au Tasse. Compositions de nombreux personnages avec admirables bordures à fond jaune d'or à guirlandes et entrelacements de fleurs, tenus aux extrémités par des enfants et des amours debout et assis.

(Provenant du château de A...)

La première : *La Prise de la Ville.*

L. 4 m. 40, h. 3 m. 20.

La seconde : *Le Baptême.*

L. 2 m. 60, h. 3 m. 50.

La troisième : *La Mort du Héros.*

L. 3 m., h. 3 m.

131 — Tapisserie d'Aubusson représentant dans un paysage des groupes de bergers et de bergères gardant des moutons. Bordure simulant un cadre doré décoré de bouquets de fleurs. XVIII<sup>e</sup> siècle.

132 — Tapisserie d'époque Renaissance représentant l'Annonciation, fond de verdure avec bordure.

## TENTURES TAPIS

133 — Quatre décorations de fenêtres composées chacune de deux rideaux en lampas fond gris avec bordure en velours et peluche ornées de broderies appliquées ; franges et embrasses en soie, galerie en bois doré avec lambrequin.

134 — Grand tapis d'Aubusson fond rouge, avec rosace à fleurs, encadrement et bordure à grand dessin.

135 — Grand et beau tapis d'Orient fond vert, dessin en polychrome.

136 — Objets omis.